Inhalt

Personal Branding - vom Ich zur Marke

Kernthesen

Beitrag

Fallbeispiele

Weiterführende Literatur

Impressum

Personal Branding - vom Ich zur Marke

Robert Reuter

Kernthesen

- Personal Branding ist ein nur undeutlich definierter Begriff.
- Gebraucht wird er für das Betreben einer Person, für feste Werte zu stehen und so an Profil zu gewinnen. Das Ziel von Personal Branding ist die Herausbildung eines "Ichs als Marke".
- Ein überzeugendes Eigenmarketing kann insbesondere Führungskräften dabei helfen, die richtige Position zu finden.

Beitrag

Der Chef als eigene Marke

Personal Branding ist das englische Wort für die Markenbildung beim Menschen. Allerdings wird die Arbeit am "Ich als Marke" noch nicht einheitlich definiert. Besonders wichtig scheint Personal Branding jedoch für die Führungskräfte börsennotierter Unternehmen zu sein, weil deren Chefs von der Öffentlichkeit als "pars pro toto" (= ein kleiner Teil steht für das Ganze) wahrgenommen werden. Als einprägsames Beispiel kann der zurückgetretene Apple-Chef Steven Jobs gelten, der mit seinem Genie und seinen Ideen ein ganz eigenes Image hat, das er in den Dienst seiner Firma stellte.

Besonders deutlich wird der hohe Wert eines Managers "als Marke" an seinem Einfluss auf den Börsenwert eines Unternehmens. So kann der Weggang eines Vorstandsvorsitzenden den Aktienkurs entweder in die Höhe schnellen oder in den Keller fallen lassen. In solchen Fällen wird klar, wie groß der Einfluss der Eigenmarke von Führungskräften auf das Wohl und Wehe eines Unternehmens werden kann. Manche Experten sehen darum die oft astronomisch hohen Gehälter für Vorstände als gerechtfertigt an - weil sie mit ihrem Image für Shareholder Value sorgen und so ein Vielfaches der Gehälter für das Unternehmen wieder einspielen. (1)

Feilen am Image

Wie und "als wer" ein Manager in der Öffentlichkeit dasteht, hängt von seinem Verhalten ab. Im Internet und in Büchern stapeln sich darum Tipps und Ratschläge dafür, was man tun muss, um als positive Eigenmarke wahrgenommen zu werden. Dies ist laut Experten darum so wichtig, weil das Image des Firmenchefs stark bestimme, ob sich die Kunden für ein Produkt aus seinem Hause entscheiden. Ein kurzer Blick auf deutsche Großunternehmen könnte die These stützen. So hat Ferdinand Piech, der wegen seiner starken Qualitätsorientierung auch "Fugen-Ferdi" genannt wird, das Qualitätsimage von Volkswagen deutlich verbessert. Mit den Fugen sind dabei die Spaltmaße zwischen Karosserieteilen gemeint, die Piech nach Aussagen aus dem Unternehmen auch heute als Aufsichtsratsvorsitzender immer wieder gerne persönlich in Augenschein nimmt. VW ist gerade auf dem Sprung, der größte Automobilproduzent der Welt zu werden. (1)

Authentizität und Unternehmenskonformität

Nach Expertenansicht ist Authentizität die

Grundvoraussetzung für eine positive Eigenmarke. Zweitens muss das Image zum Unternehmen passen. So hätte es ein erfolgreicher Automobilmanager sicherlich schwer, mit seiner Ausstrahlung einem Unternehmen wie Apple weiterzuhelfen. Drittens muss das Image nachhaltig transportiert werden, um so für Glaubwürdigkeit zu sorgen. Als gutes Beispiel gilt der Geldanlageprofi Warren Buffett, dessen markante Aussagen insbesondere deshalb verfangen, weil er sie wiederholt und nicht von ihnen abrückt. (1)

Markenbildung auch in der Politik

Personal Branding spielt nicht nur für Wirtschaftsmanager, sondern zunehmend für Politiker eine Rolle. Agenturen und Berater versuchen in ihren Wahlkampagnen, den Kandidaten zur Marke zu machen. Dabei wird anfangs genau geforscht, wofür der Kandidat persönlich steht - und weniger seine Partei. Gefährlich wird es allerdings, wenn dem Kandidaten ein Image verschafft wird, das er gar nicht lebt und das damit auch nicht zu ihm passt. (1)

Internet ist wichtigstes Medium

Das für moderne Wissensarbeiter wichtigste Medium zur Ausbildung einer Eigenmarke ist das Internet.

Insbesondere Selbstständige und Freiberufler nutzen die Chance, mit eigenen Webseiten und der Präsenz in sozialen Netzwerken ein eigenes Image aufzubauen. Zudem wird das Web immer mehr auch von Berufseinsteigern und Fachkräften genutzt, um sich ein Profil zu verschaffen. (1)

Arbeit am eigenen Leitbild

Neben der Wahl der richtigen Plattformen ist es für Personal Branding wichtig, ein eigenes Leitbild zu entwickeln. Zu beantworten sind hier die Fragen, wer man sein will, was man vorhat und welchen Grundsätzen man folgt. Ein festes Leitbild soll dabei helfen, Eckpfeiler für eigene Entscheidungen und Handlungen festzulegen, was der Profilierung dient. (8), (9)

Sprungbrett für Jobsuchende

Gerade für Jobwechsler und -suchende bietet Personal Branding die Chance, über eine fest umrissene Eigenmarke Aufmerksamkeit zu erregen und neue Beschäftigung zu finden. Laut einer aktuellen Studie sind bereits 40 Prozent der deutschen Arbeitnehmer davon überzeugt, dass Netzwerke wie Xing, Facebook oder Twitter für die persönliche Markenbildung unerlässlich sind.

Insbesondere Führungskräften, die nach einer neuen Anstellung suchen, empfehlen Experten, zunächst eine Standortbestimmung und eine Selbstanalyse vorzunehmen. Denn die Möglichkeiten zur Selbstpräsentation im Internet verleiten leicht dazu, durch vielzählige Äußerungen ein diffuses statt klares Bild von sich zu entwerfen. Wichtig sei es zudem, im Internet genau die Plattformen zu finden, die die Begegnung mit der richtigen Zielgruppe gewährleisten. Für Berufsanfänger, die das Eigenmarketing beispielsweise in erster Linie zur Jobsuche nutzen, sind Xing und LinkedIn die richtigen Adressen, denn diese Plattformen werden von Personalern besonders häufig durchforstet. Wer sich hingegen als Experte für ein neues Fachgebiet darstellen oder mit seiner neuen Position rehabilitieren will, braucht viele neue Suchmaschineneinträge. Dabei hilft ein Blog.

Wenn die Präsentation der Findung eines neuen Jobs dienen soll, kann das Netz allerdings auch kontraproduktiv wirken. Da alte Einträge oft nicht zu löschen sind, bleiben Irrungen, Wirrungen und Lebenslaufbrüche ebenfalls nachlesbar. Beim Aufbau einer konsistenten Eigenmarke im Internet ist daher Vorsicht geboten, denn das Internet vergisst nichts. Weil sich Suchmaschinen bei ihren Trefferlisten nicht an der Aktualität, sondern an der Relevanz eines

Eintrags orientieren, müssen Führungskräfte damit rechnen, dass ihnen alte Fehler noch jahrelang nachhängen - bis sie von neuen Einträgen verdrängt werden. (2), (4)

Führungskräfte tun sich schwer

Erfahrene Coaches machen die Erfahrung, dass es Führungskräfte besonders schwer falle, sich selbst zu vermarkten. Sie hätten jahrelang ihr Unternehmen nach außen präsentiert und die Unternehmensprodukte angepriesen, seien bei der Jobsuche jedoch davon überfordert, sich selbst ins rechte Licht zu setzen. So berichtet der Personalberater Thomas Flohr, geschäftsführender Gesellschafter bei Bernd Heuer & Partner Human Resources, dass sich seine Mandanten überaus schwer damit tun, Marketing nicht für ein Unternehmen, sondern für sich selbst zu betreiben. (7)

Trends

Personal Branding für Arbeitnehmer

In Zeiten, in denen Arbeitsplätze flexibler werden, entdecken auch immer mehr Arbeitnehmer, dass sie sich innerhalb ihrer Branche oder des Unternehmens positionieren müssen. Mit dem Aufbau einer eigenen Marke geht eine steigende Wechselwilligkeit von Arbeitnehmern einher, die die Unternehmen in Zugzwang bringt, sich um ihre Mitarbeiterbindung zu kümmern. (3)

Fallbeispiele

Soziale Netzwerke für Markenbildung zweitrangig?

Zwar glauben 40 Prozent der Arbeitnehmer daran, dass soziale Netzwerke für die persönliche Markenbildung unerlässlich sind. Spitzenreiter sind die Internetplattformen bei der Wahl der Mittel für ein kräftiges Image damit jedoch nicht. Wichtiger als die Auswahl der Plattform erachteten die in der Studie Befragten die tatsächlich vorhandenen Fähigkeiten der Person. Spitzenreiter sind verbale Kommunikationsfähigkeiten (80 Prozent), technisches Know-how (72 Prozent) und schriftliche Kommunikationsfähigkeiten (71 Prozent). (6)

Ungewollt in die Öffentlichkeit

Wie das Netz dafür sorgen kann, das eigene Image zu beschädigen, zeigt das Beispiel des Chefs eines weltweit tätigen Informationstechnikkonzerns. Dieser hatte in einer Vorlesung an der örtlichen Universität eine klare Haltung zu einer diffizilen Frage offenbart, womit er unvermittelt zum Gegenstand heißer Diskussionen in Internetblogs wurde. Ihn war gar nicht klar, dass seine halb-privaten Antworten auf Studentenfragen ein solches Echo hervorrufen könnten. Und weil er selbst im Internet kaum aktiv war, vertat er die Chance, sich zu Anwürfen und Fehlinterpretationen seiner Aussage selbst zu äußern. (5)

Weiterführende Literatur

(1) Mach' mir meine Marke
aus "Extradienst" Nr. 03/2011 vom 18.03.2011 Seite 182,184

(2) Wie Sie Ihre eigene Marke aufbauen
aus Handelsblatt online vom 14.07.2011

(3) Personal Branding für Arbeitnehmer
aus "Computerwelt" Nr. 24 / 2010 vom 01.12.2010

(4) Ich bin viele - aber wer eigentlich zurzeit?

aus WirtschaftsWoche NR. 021 VOM 23.05.2011 SEITE 074

(5) Wie Sie Social Media richtig nutzen
aus WirtschaftsWoche NR. 021 VOM 23.05.2011 SEITE 074

(6) Soziale Netzwerke für Markenbildung zweitrangig
aus VDI NR. 47 VOM 26.11.2010 SEITE 25

(7) Ex-Chefs straucheln bei der Selbstvermarktung
aus IZ Aktuell vom 08.10.2010

(8) Persönliches Leitbild für die Personal Brand
aus W&V Online-Magazin vom 31.03.2011

(9) Personal Branding: Create Your Value Proposition
aus Strategic Finance 01.08.2011, Vol. 93, Issue 2, p. 13

Impressum

Personal Branding - vom Ich zur Marke

Bibliografische Information der deutschen Nationalbibliothek

Die Deutsche Nationalbibliothek verzeichnet diese Publikation in der deutschen Nationalbibliografie; detaillierte bibliografische Daten sind im Internet über http://dnb.d-nb.de abrufbar.

ISBN: 978-3-7379-0249-6

© 2015 GBI-Genios Deutsche Wirtschaftsdatenbank GmbH, Freischützstraße 96, 81927 München, www.genios.de

Alle Rechte vorbehalten. Dieses Werk ist einschließlich aller seiner Teile – z.B. Texte, Tabellen und Grafiken - urheberrechtlich geschützt. Jede Verwertung außerhalb der Grenzen des Urheberrechtsgesetzes bedarf der vorherigen Zustimmung des Verlags. Dies gilt insbesondere auch für auszugsweise Nachdrucke, fotomechanische Vervielfältigungen (Fotokopie/Mikroskopie), Übersetzungen, Auswertungen durch Datenbanken oder ähnliche Einrichtungen und die Einspeicherung und Verarbeitung in elektronischen Systemen.